ciro massimo naddeo

raccontami 1
quaderno di esercizi

ALMA Edizioni

Progetto grafico, impaginazione: **Maurizio Maurizi**
Progetto copertina: **Maurizio Maurizi** e **Sergio Segoloni**
Illustrazioni interne e disegno copertina: **Marisa Canova**

Si ringraziano: Sabrina Galasso e Elisa Giuliani Pancheri

Printed in Italy
ISBN libro 978-88-8923-712-0
© 2005 Alma Edizioni

I diritti di traduzione, di memorizzazione elettronica, di riproduzione e di adattamento
totale o parziale, con qualsiasi mezzo (compresi i microfilm e le copie fotostatiche),
sono riservati per tutti i paesi.

Alma Edizioni
Viale dei Cadorna, 44
50129 Firenze
tel +39 055476644
alma@almaedizioni.it
www.almaedizioni.it

L'Editore è a disposizione degli aventi diritto per eventuali mancanze o inesattezze.
Tutti i diritti di riproduzione, traduzione e adattamento sono riservati in Italia e all'estero.

Indice

- **Unità 1** - Barche e vento — pagg. 4
- **Unità 2** - Nuvole e palloni — pagg. 10
- **Unità 3** - Pinocchio sbagliato — pagg. 15
- **Unità 4** - Il bruco senza casa — pagg. 19
- **Unità 5** - Chi abita nella zucca? — pagg. 25
- **Unità 6** - Gli animali cercano casa — pagg. 30
- **Unità 7** - Il matrimonio — pagg. 35
- **Unità 8** - La festa — pagg. 39
- **Unità 9** - La scuola — pagg. 43

Unità 1

Guarda i disegni 1 e 2. Nel disegno numero 2 manca qualcosa. Completa il disegno e di' cosa manca.

1

2

Ora colora tutti e due i disegni.

barche e vento

4 quattro

barche e vento

Unità 1

2

Collega le parole ai disegni.

- il sole
- la barca
- le case
- il mare
- la nuvola
- il pesce

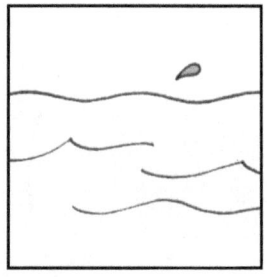

cinque 5

Unità 1 — barche e vento

3
Quanti sono? Colora i disegni e scrivi il numero.

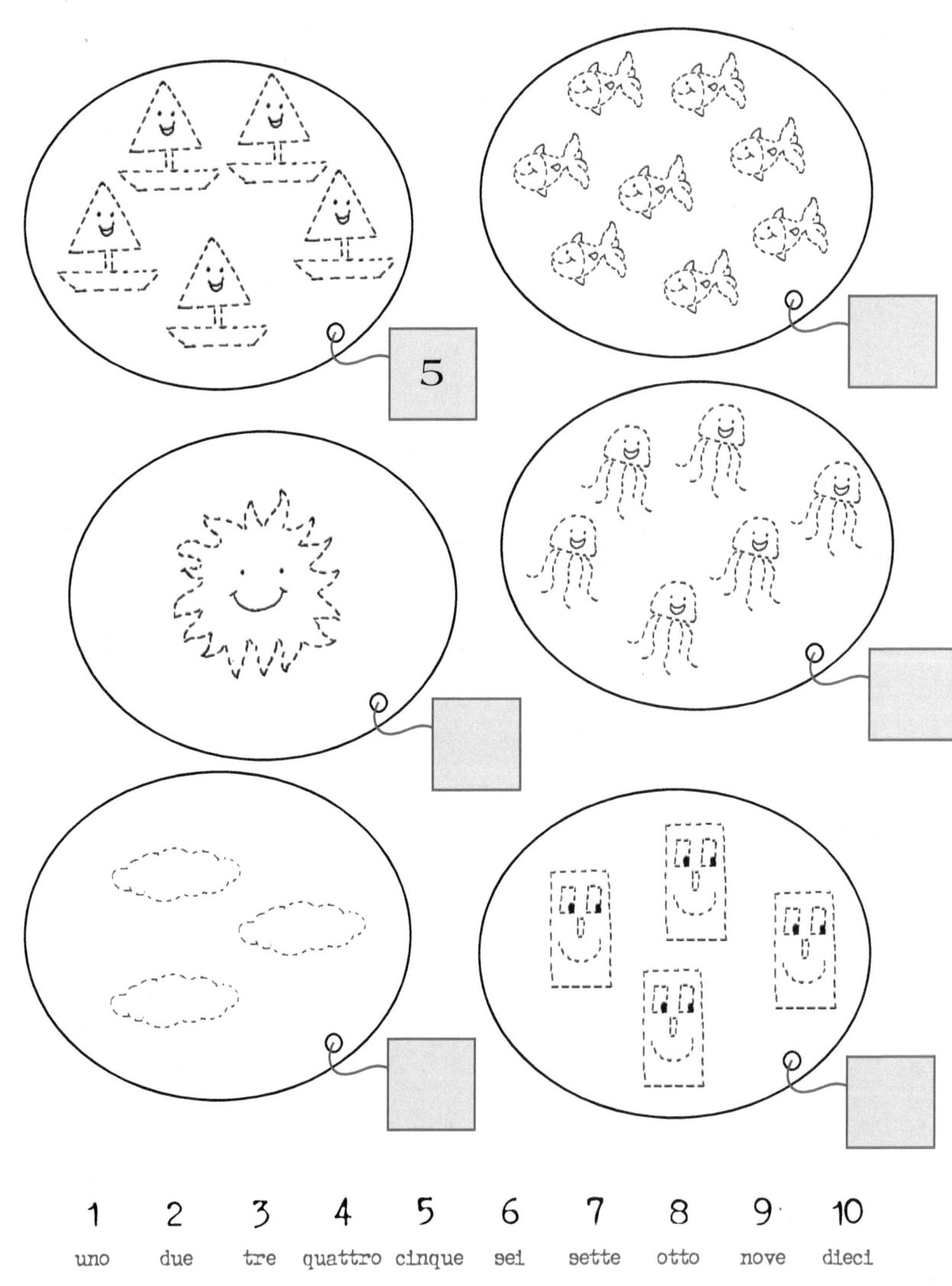

| 1 | 2 | 3 | 4 | 5 | 6 | 7 | 8 | 9 | 10 |
| uno | due | tre | quattro | cinque | sei | sette | otto | nove | dieci |

barche e vento

Unità 1

Scrivi i numeri nei palloncini.

4

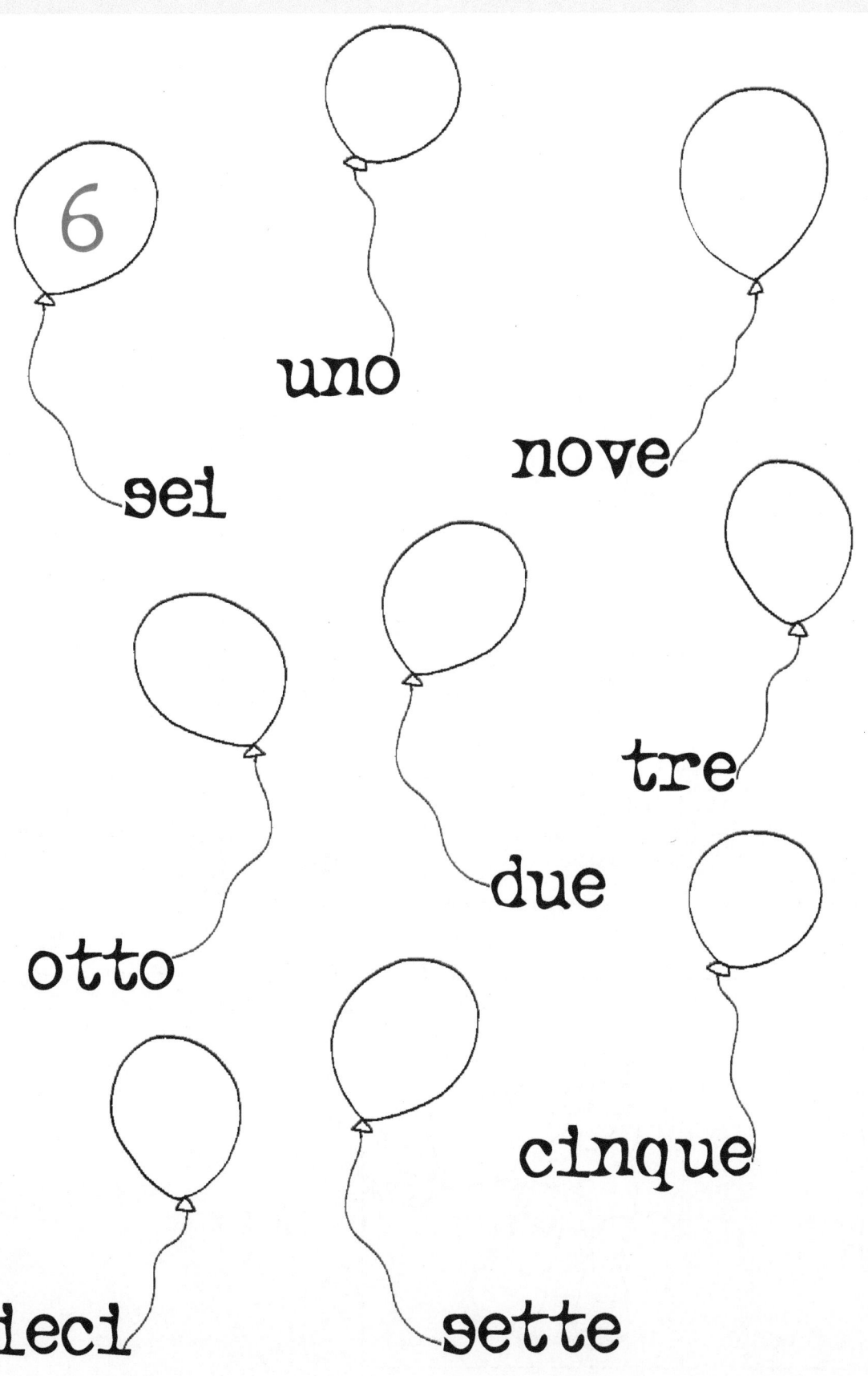

sette 7

Unità 1 — barche e vento

5 Com'è il tempo? Completa i disegni.

barche e vento

Unità 1

6

Riordina la storia e poi raccontala.

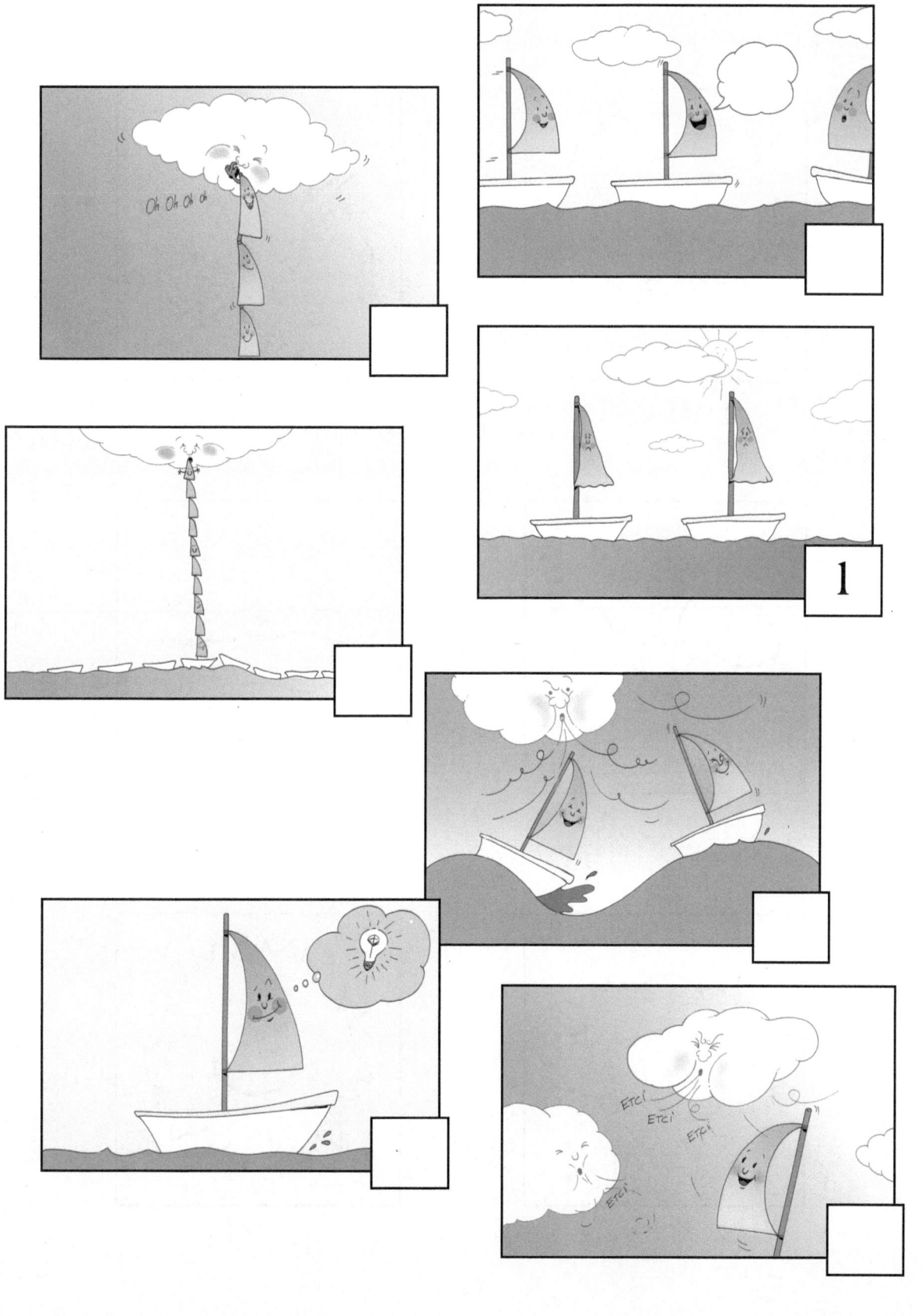

nove 9

Unità 2

1 Di che colore sono queste cose? Colora i disegni con il colore giusto.

l'albero

il prato

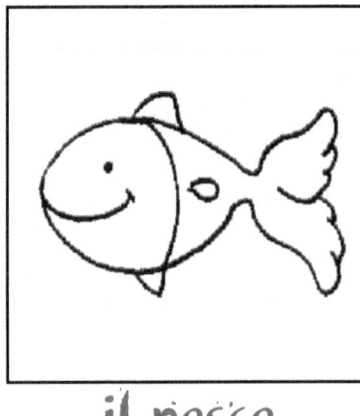
il pesce

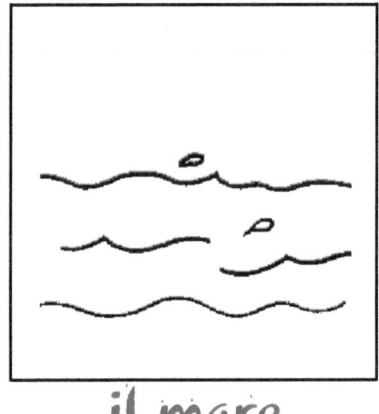
il mare

la nuvola

il sole

nuvole e palloni

Unità 2

2 Colora i vestiti di Chiara e Nicola.

3 Colora la bandiera italiana e poi colora la bandiera del tuo Paese.

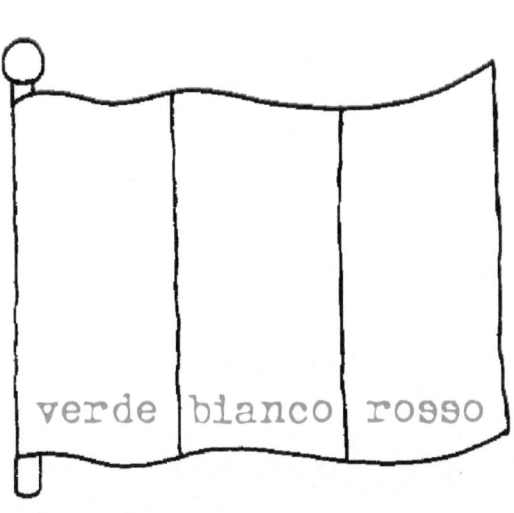
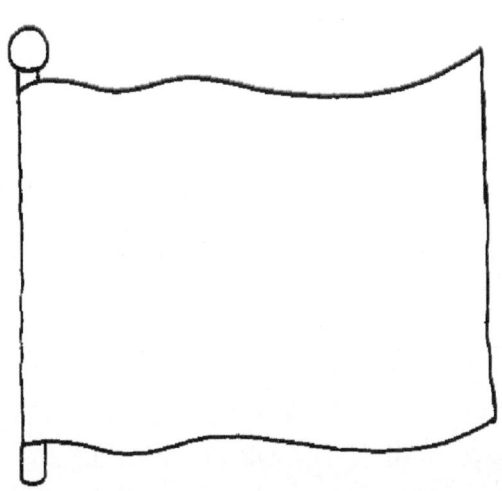

undici 11

Unità 2 — nuvole e palloni

4 Numeri e colori. Leggi le istruzioni e colora i vasi.

Il 🏺 uno è giallo   Il 🏺 nove è arancione

Il 🏺 tre è rosso   Il 🏺 due è viola

Il 🏺 dieci è verde   Il 🏺 otto è nero

Il 🏺 sei è blu   Il 🏺 sette è marrone

                       Il 🏺 quattro è bianco

12 dodici

nuvole e palloni

Unità 2

5

Di che colore sono le cose nel disegno? Ascolta dal cd
La canzone di Pappacia (traccia n. 8) e colora il disegno.

tredici 13

Unità 2 — nuvole e palloni

6 Disegna e completa la storia.

Cosa manca a Pinocchio? Completa i disegni e di' cosa manca.

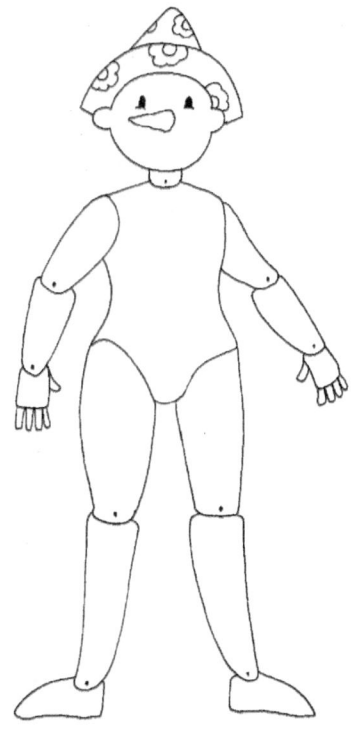
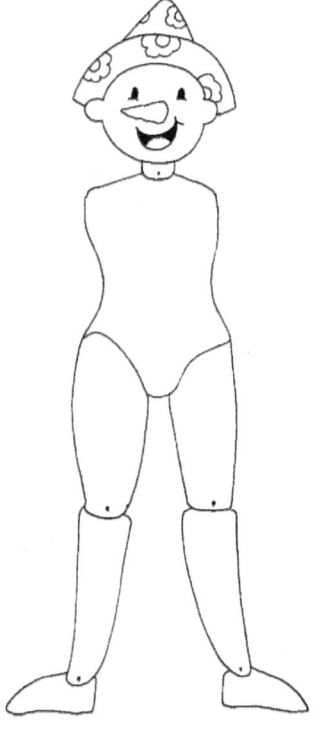
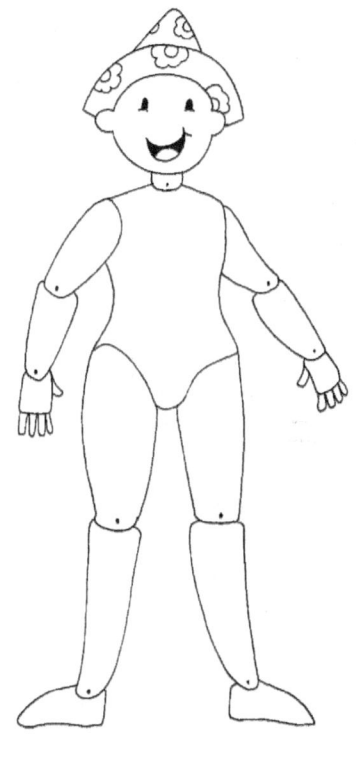

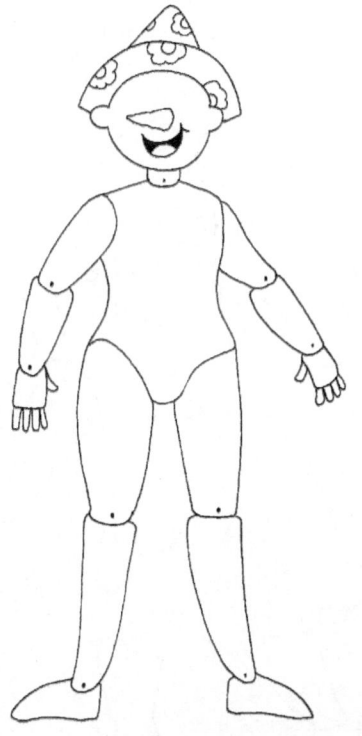
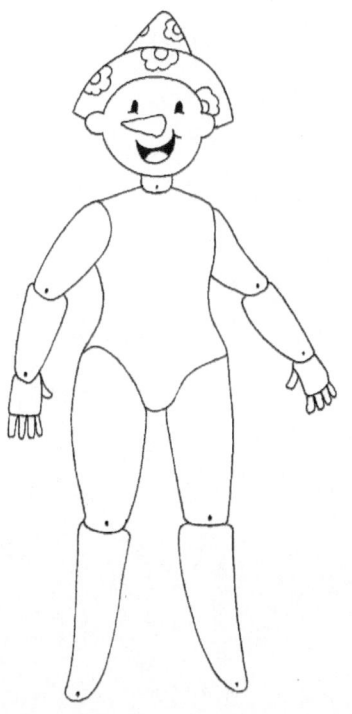

Unità 3 — Pinocchio sbagliato

2 Dove ha male Pinocchio?

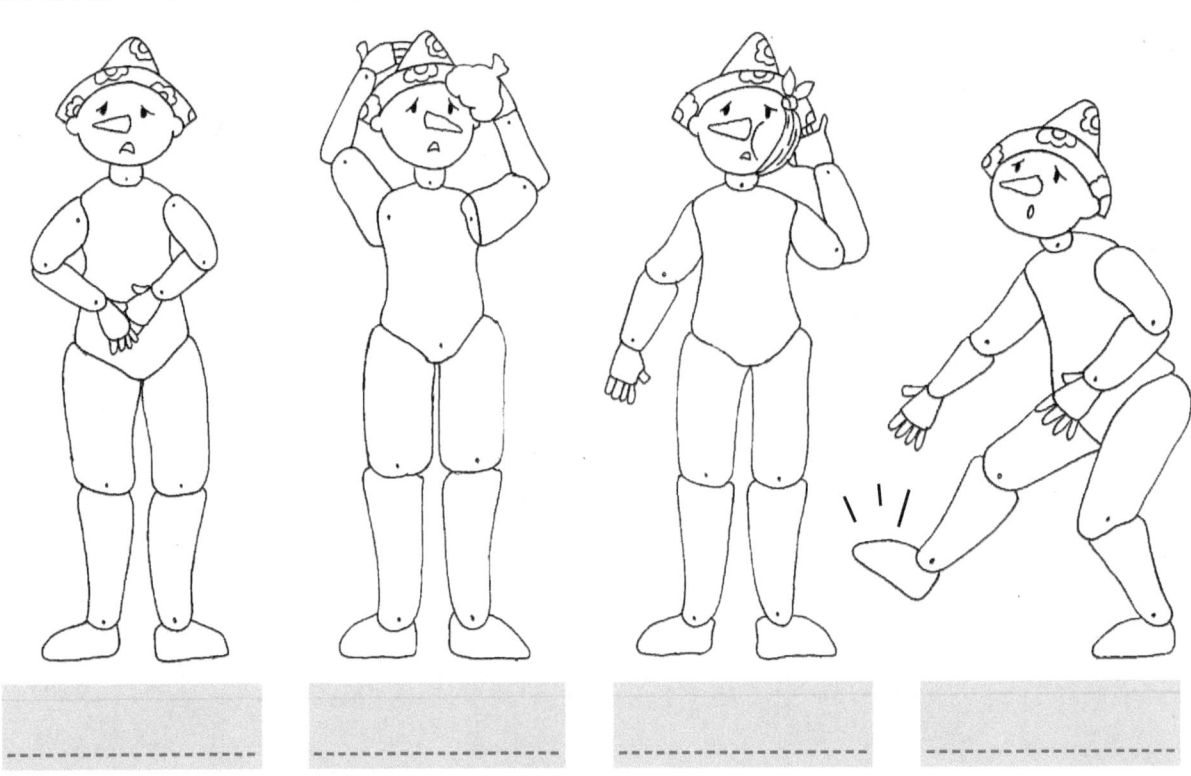

------------------- ------------------- ------------------- -------------------

3 Ascolta dal cd *La zia di Forlì* (traccia n. 11) e colora le parti del corpo che la zia muove quando va a ballare.

Pinocchio sbagliato

Unità 3

4

Ritaglia i disegni e ricomponi il puzzle di Pinocchio.

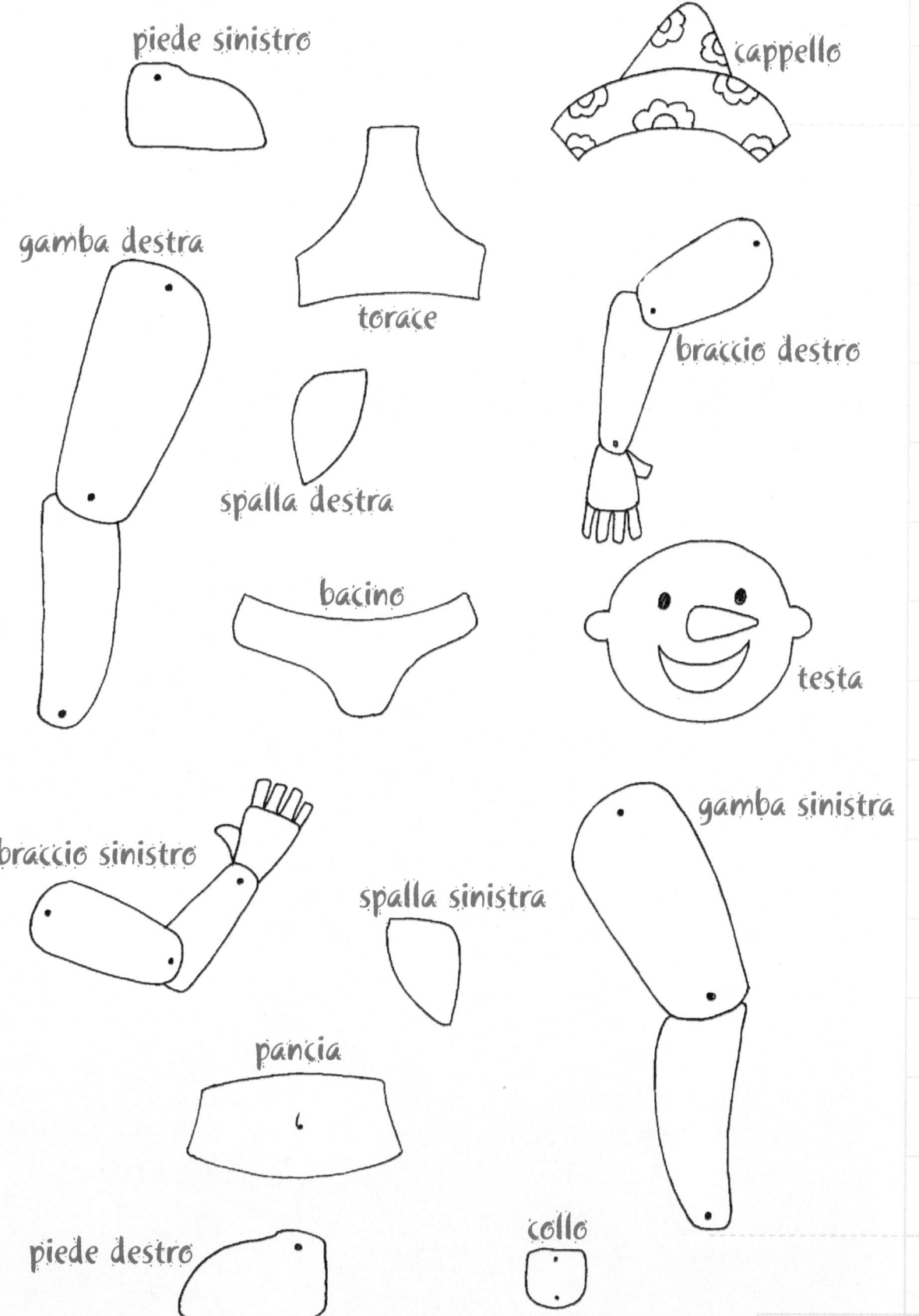

Unità 3
Pinocchio sbagliato

Quanti sono? Guarda il disegno e completa la tabella.

bruco	albero	mela	foglia	nuvola	stella
12 dodici					

1	2	3	4	5	6	7	8	9	10
uno	due	tre	quattro	cinque	sei	sette	otto	nove	dieci
11	12	13	14	15	16	17	18	19	20
undici	dodici	tredici	quattordici	quindici	sedici	diciassette	diciotto	diciannove	venti

Unità 4

il bruco senza casa

2 Ora fai un disegno con...

sei    dodici 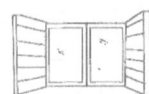   tredici

venti    quattordici    diciannove

sedici

il bruco senza casa

Unità 4

3

Ritaglia i disegni e ricomponi la casa del bruco.

4

Ora ritaglia i nomi e incolla il nome giusto su ogni parte della casa.

bagno   soggiorno   cucina

         camera da letto

soffitta

         camera da letto

ventuno   21

Unità 4

il bruco senza casa

il bruco senza casa

Unità 4

5 Adesso prendi un foglio e disegna la tua casa.

6 Cosa rispondono questi personaggi?

Unità 4 — il bruco senza casa

7 Riordina la storia e poi raccontala.

Colora la casa della strega. Poi conta quanti sono i personaggi nel disegno.

strega	scopa	gatto	rana	ragno
2				

serpente	corvo	pipistrello	civetta	zucca

Unità 5 — chi abita nella zucca?

2 Chi vola?

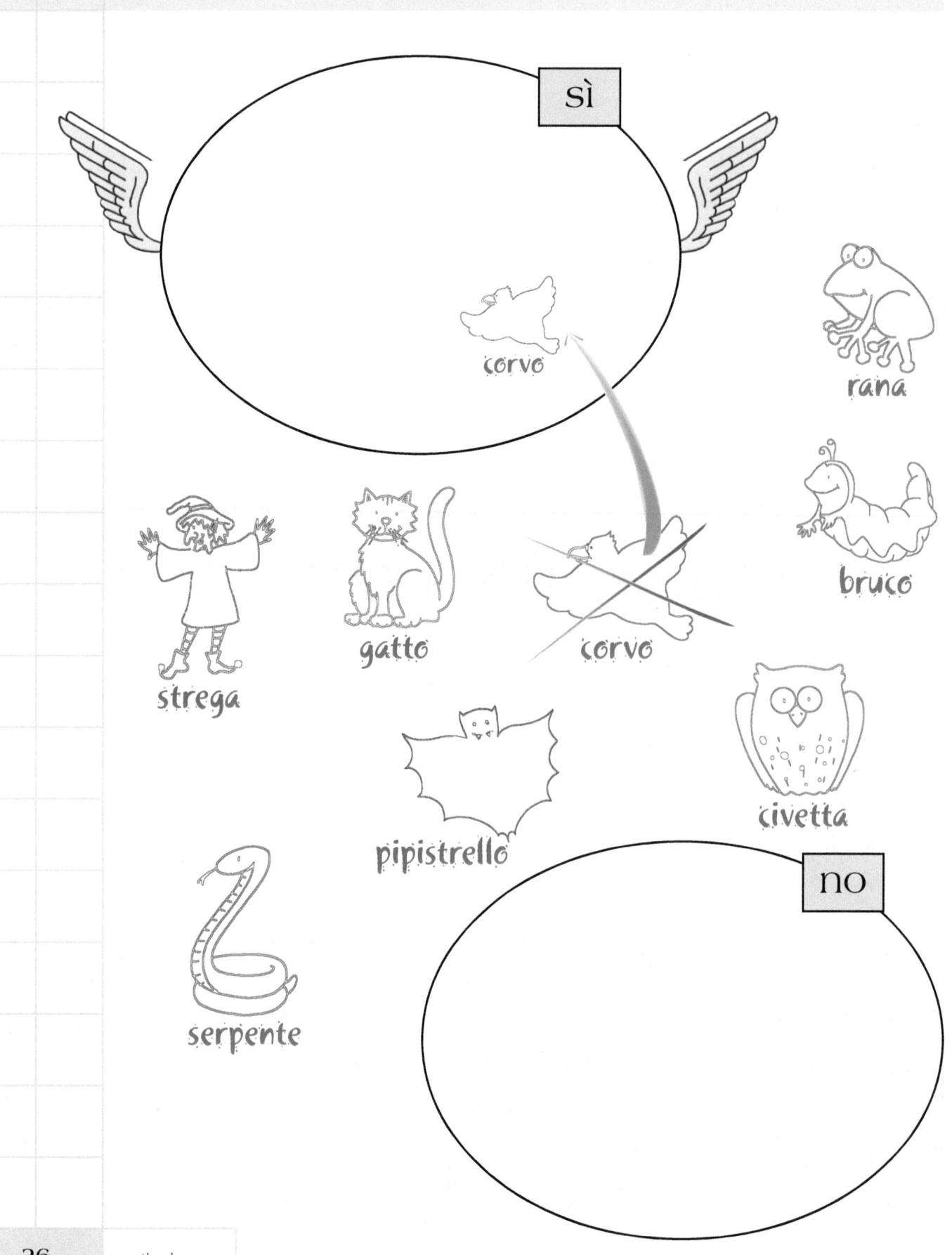

chi abita nella zucca?

Unità 5

3

Fai la tua maschera di Halloween.

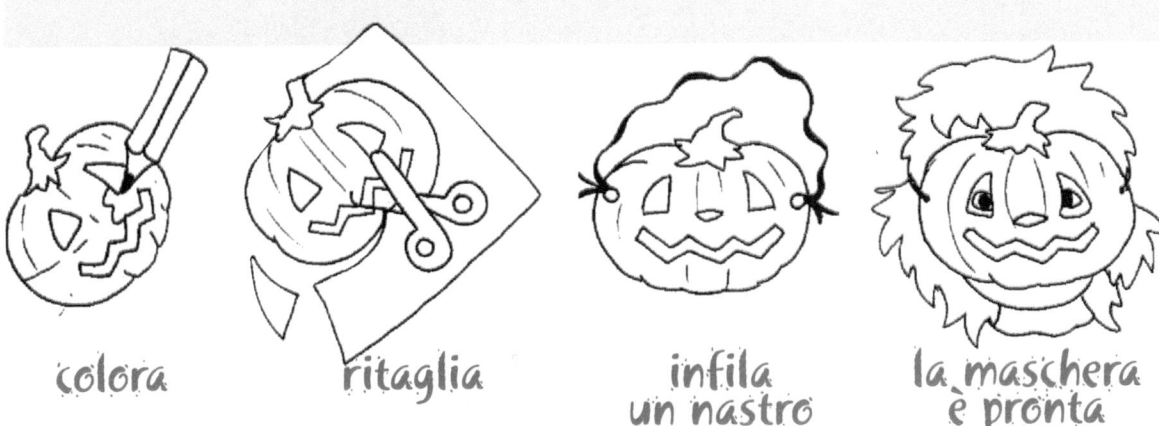

colora   ritaglia   infila un nastro   la maschera è pronta

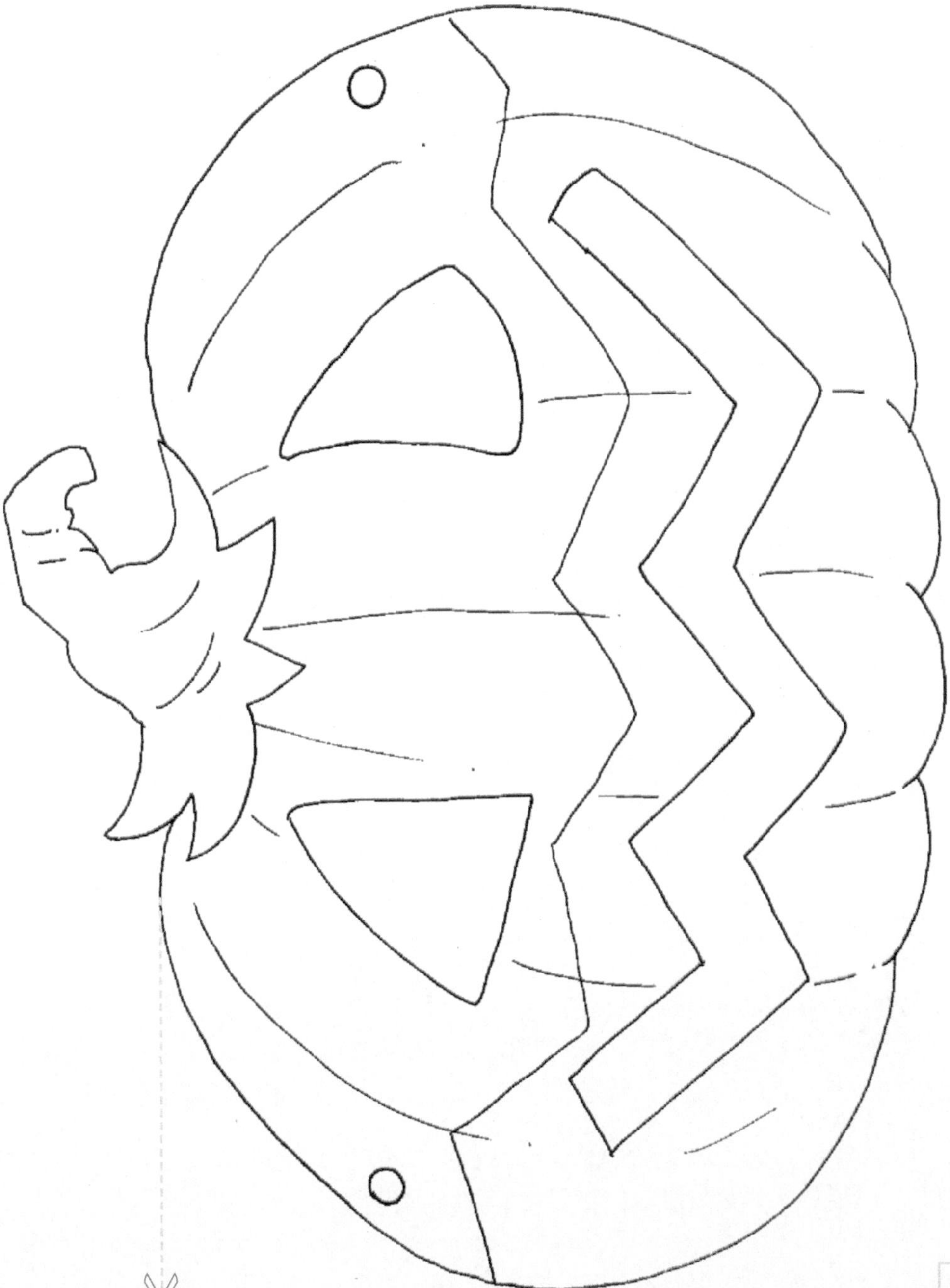

ventisette 27

Unità 5
chi abita nella zucca?

28 ventotto

chi abita nella zucca?

Unità 5

4

Riordina la storia e poi raccontala.

Unità 6

1 Colora gli animali e di' il nome.

cavallo cane gatto gallina rana maiale mucca oca pulcino ragno topo

gli animali cercano casa

30 trenta

gli animali cercano casa

Unità 6

2 Che strada devono fare la gallina e il pulcino per arrivare a casa? Colora la strada giusta.

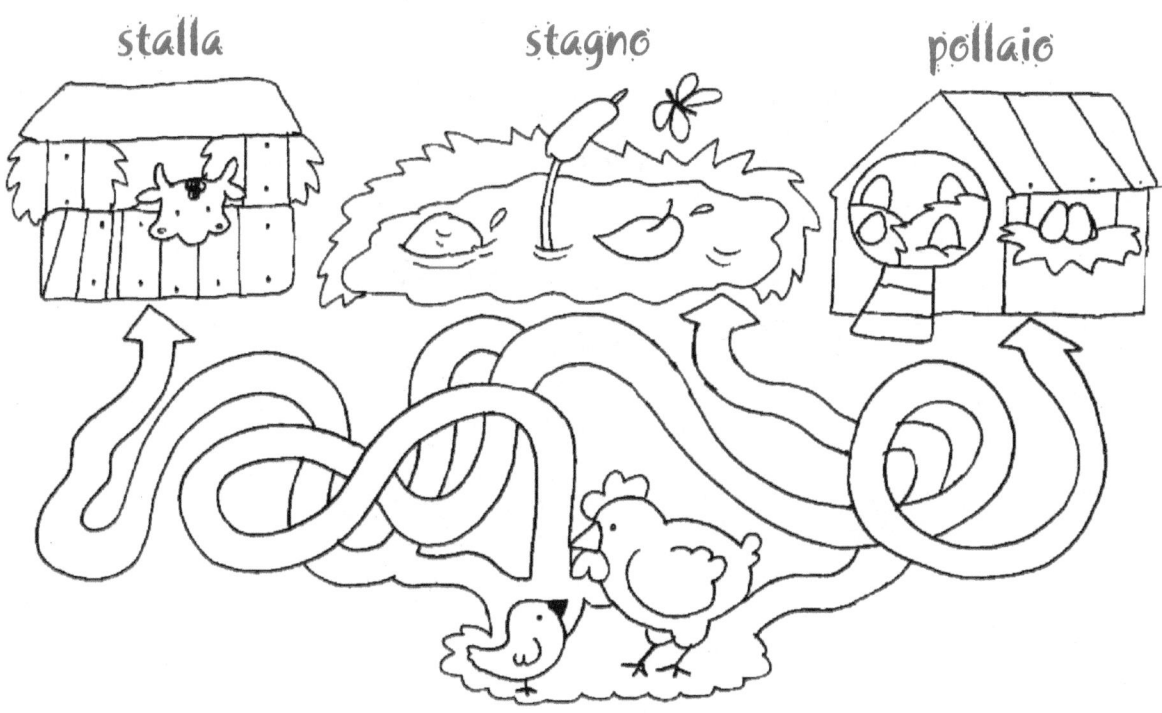

3 Guarda il disegno. Quale animale non è al posto giusto?

trentuno 31

Unità 6 — gli animali cercano casa

4 Metti gli animali al posto giusto.

topo, pulcino, gallina, maiale, ragno, cane, rana, oca, pipistrello, gatto, cavallo, mucca, civetta, pesce

5 Guarda gli animali dell'esercizio 4 e conta le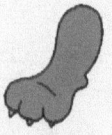

8 🐾	4 🐾	2 🐾	0 🐾
	 🐕		

32 trentadue

gli animali cercano casa

Unità 6

Ricomponi i nomi degli animali.

	CA		NA
	GAL		LE
	MAIA		PO
	GAT		TO
	CA		VALLO
	MUC		SCE
	TO		CA
	O		STRELLO
	RA		NE
	PE		GNO
	PIPI		LINA
	RA		CA

trentatré 33

Unità 6
gli animali cercano casa

7 Ascolta dal cd *Alla fiera di Mastro Andrè* (traccia n. 18) e colora gli animali della canzone.

Unità 7

1

Completa il fumetto con le parole della lista.

| domenica | primavera | marzo | il ventuno |

2

Metti in ordine i giorni della settimana.

1. L U N E D Ì
2. ☐☐☐☐☐☐☐
3. ☐☐☐☐☐☐☐☐☐
4. ☐☐☐☐☐☐
5. ☐☐☐☐☐☐
6. ☐☐☐☐☐☐☐
7. ☐☐☐☐☐☐☐☐

il matrimonio

Unità 7 — il matrimonio

3 Completa i disegni delle stagioni.

primavera
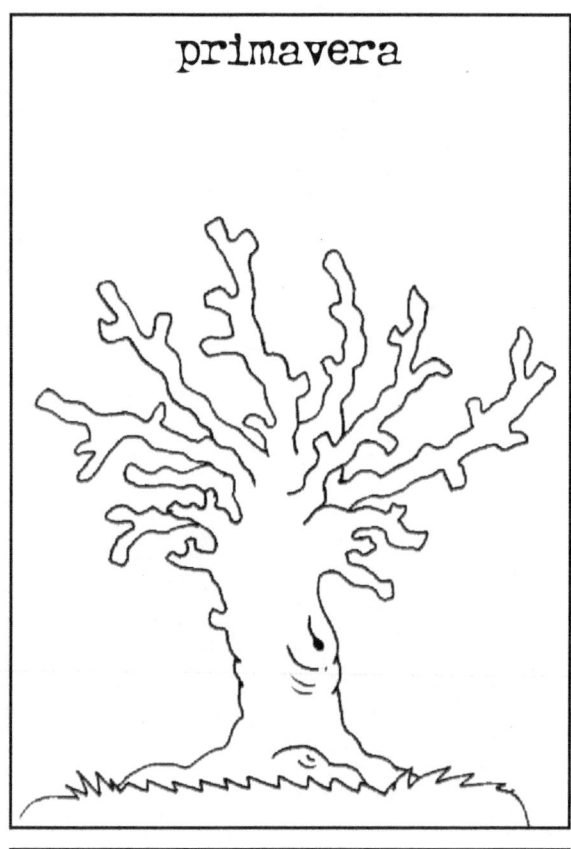

estate
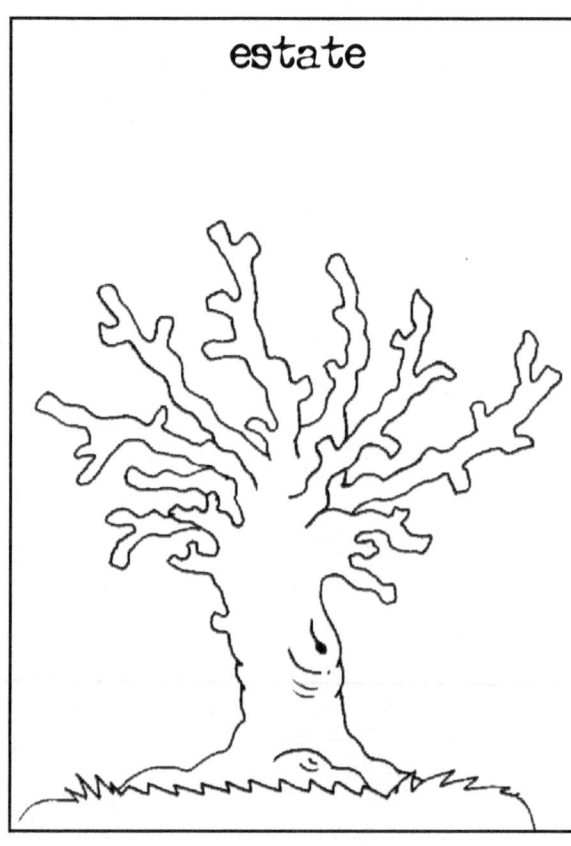

autunno
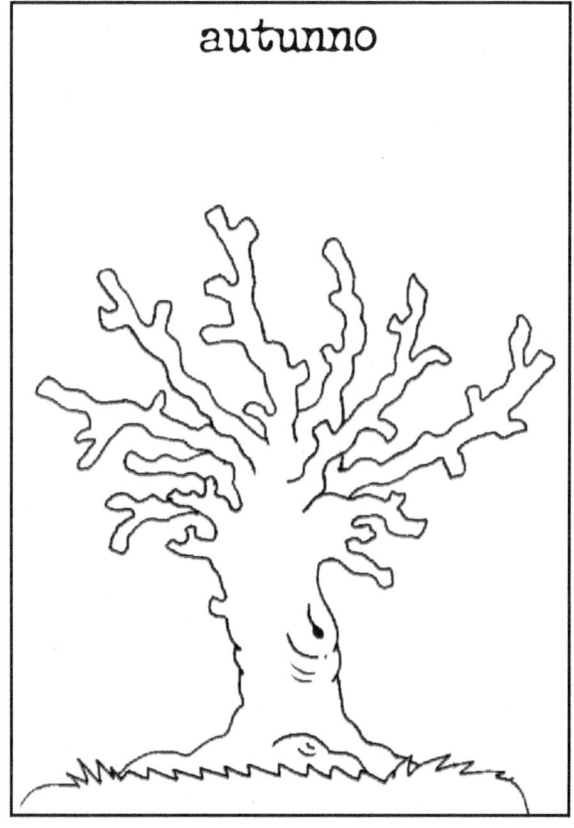

inverno
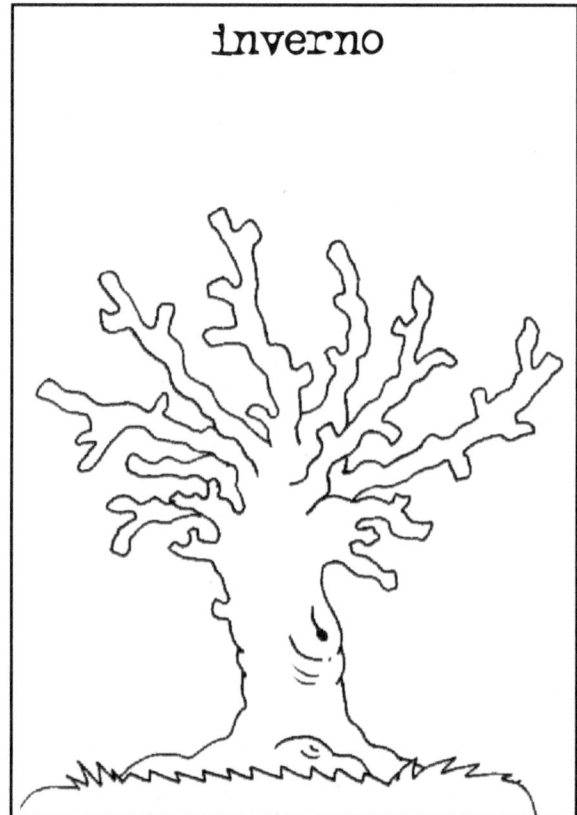

il matrimonio

4

Metti in ordine i mesi.

1. G E N N A I O
2. ☐☐☐☐☐☐☐☐
3. ☐☐☐☐☐
4. ☐☐☐☐☐☐
5. ☐☐☐☐☐☐
6. ☐☐☐☐☐
7. ☐☐☐☐☐
8. ☐☐☐☐☐
9. ☐☐☐☐☐☐☐☐☐
10. ☐☐☐☐☐☐☐
11. ☐☐☐☐☐☐☐
12. ☐☐☐☐☐☐☐

OTTOBRE GIUGNO APRILE LUGLIO MARZO MAGGIO SETTEMBRE DICEMBRE FEBBRAIO NOVEMBRE AGOSTO

5

Scrivi quando è il tuo compleanno. Poi scrivi quando è il compleanno di 4 persone che conosci.

Il mio nome: _____ Il mio compleanno: _____

Nome: _____ Compleanno: _____

Nome: _____ Compleanno: _____

Nome: _____ Compleanno: _____

Nome: _____ Compleanno: _____

trentasette

Unità 7 — il matrimonio

6 Completa il cruciverba dei mesi.

AGOSTO
OTTOBRE
MARZO
DICEMBRE
FEBBRAIO

7 Cerca ed evidenzia nel puzzle le seguenti parole:

L	U	G	L	I	O	T	R	U	M	M
S	D	I	N	V	E	R	N	O	E	Q
M	Q	U	M	A	R	Z	O	L	S	I
A	R	G	B	E	S	T	A	T	E	N
G	A	N	A	E	V	Z	O	U	L	B
G	I	O	R	N	O	C	I	A	R	
I	P	R	I	M	A	V	E	R	A	U
O	B	R	U	C	H	I	N	A	S	C
M	O	N	E	G	E	N	N	A	I	O
T	A	U	T	U	N	N	O	T	I	E

PRIMAVERA
AUTUNNO
ESTATE
INVERNO
MESE
MARZO
GIUGNO
LUGLIO
GENNAIO
MAGGIO
GIORNO
BRUCO
BRUCHINA

Unità 8

1

Da dove vengono i bruchi?

Spagna
India
Germania
Africa
Argentina
Cina
Italia

la festa

Unità 8 — la festa

3
È la tua festa di compleanno. Chi inviti? Cosa si mangia? Cosa si beve? Fai un disegno.

Festa di _____

4
Che parola portano i palloncini?

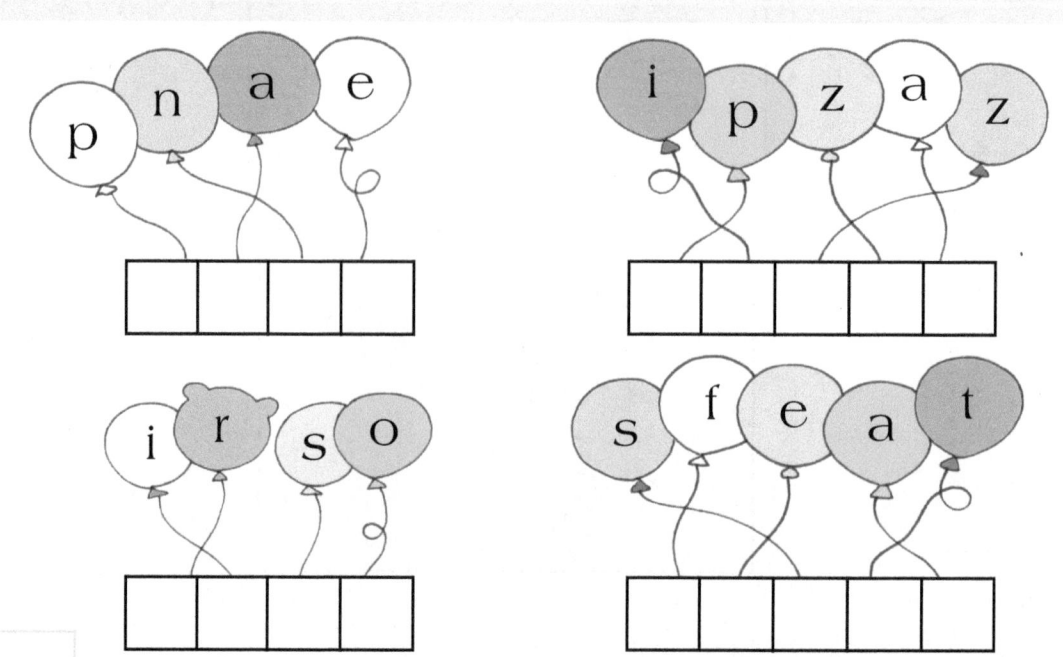

la festa

Unità 8

4

Completa le parole.

 BRU — BERO

 BAM — ZA

 PIZ — FALLA

 AL — BINO

 FAR — CO

5

Cerca ed evidenzia nel puzzle le seguenti parole:

A	F	R	I	C	A	N	O	A	S
I	N	E	M	I	A	C	C	E	P
N	E	T	E	N	O	L	L	E	A
D	T	E	D	E	S	C	O	N	G
I	G	I	N	S	O	V	I	E	N
A	A	R	G	E	N	T	I	N	O
N	A	M	O	M	A	R	C	E	L
O	L	I	T	A	L	I	A	N	O

SPAGNOLO
ITALIANO
ARGENTINO
AFRICANO
INDIANO
CINESE
TEDESCO

quarantuno 41

Unità 8 — la festa

6 Completa il cruciverba.

Unità 9

1

Cerca ed evidenzia nel puzzle le seguenti parole:

E	Z	I	O	N	E	F	A	O
C	O	L	O	P	E	R	O	I
N	O	N	N	A	S	A	R	M
E	T	R	O	P	O	T	U	A
M	A	L	N	A	V	E	I	M
Z	U	A	N	E	L	L	I	M
I	L	S	O	R	E	L	L	A
A	O	P	A	P	U	O	D	I

MAMMA
PAPÀ
NONNO
NONNA
FRATELLO
SORELLA
ZIO
ZIA

2

Completa l'albero genealogico di Nicola con le parole giuste.

MAMMA
PAPÀ
NONNO
NONNA
NONNA
SORELLA

Unità 9 — la scuola

3 Completa i nomi dei vestiti.

GIAC _____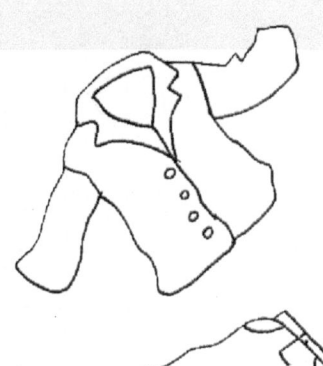

PANTA _____

CA _____

GON _____

MA _____

MAGLI _____

CAL _____

SCAR _____

la scuola

Unità 9

5 Colora i vestiti di Chiara e Nicola.

La maglietta è blu.
La gonna è rosa.
Le calze sono viola.
Le scarpe sono arancioni.

La giacca è verde.
La camicia è gialla.
I pantaloni sono rossi.
Le scarpe sono nere.

6 E tu come ti vesti oggi? Fai un disegno e di' cosa ti metti e di che colore è ogni vestito.

quarantacinque

Unità 9 — la scuola

6

Nicola va in montagna, Chiara va al mare. Cosa mettono nella valigia?

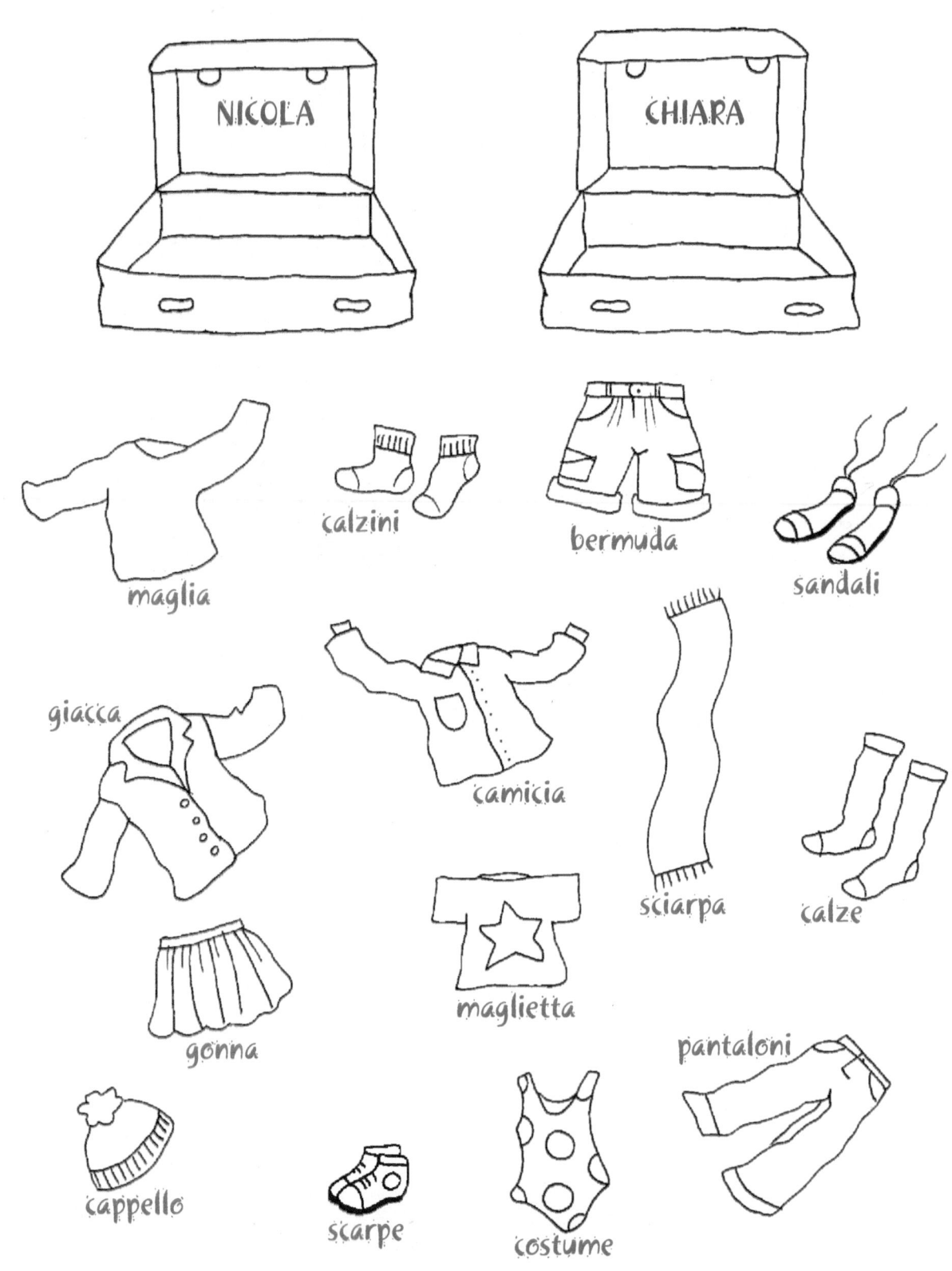

la scuola

Unità 9

7 Cosa c'è nella cartella?

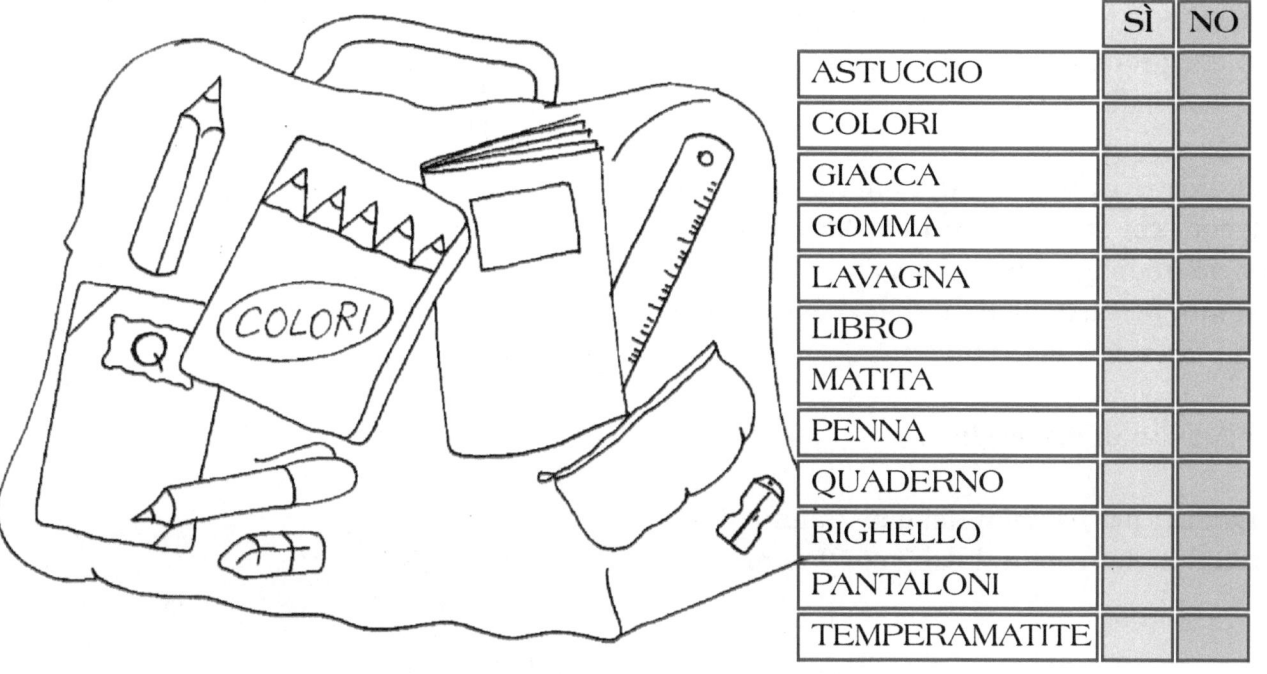

	SÌ	NO
ASTUCCIO		
COLORI		
GIACCA		
GOMMA		
LAVAGNA		
LIBRO		
MATITA		
PENNA		
QUADERNO		
RIGHELLO		
PANTALONI		
TEMPERAMATITE		

8 Completa il cruciverba.

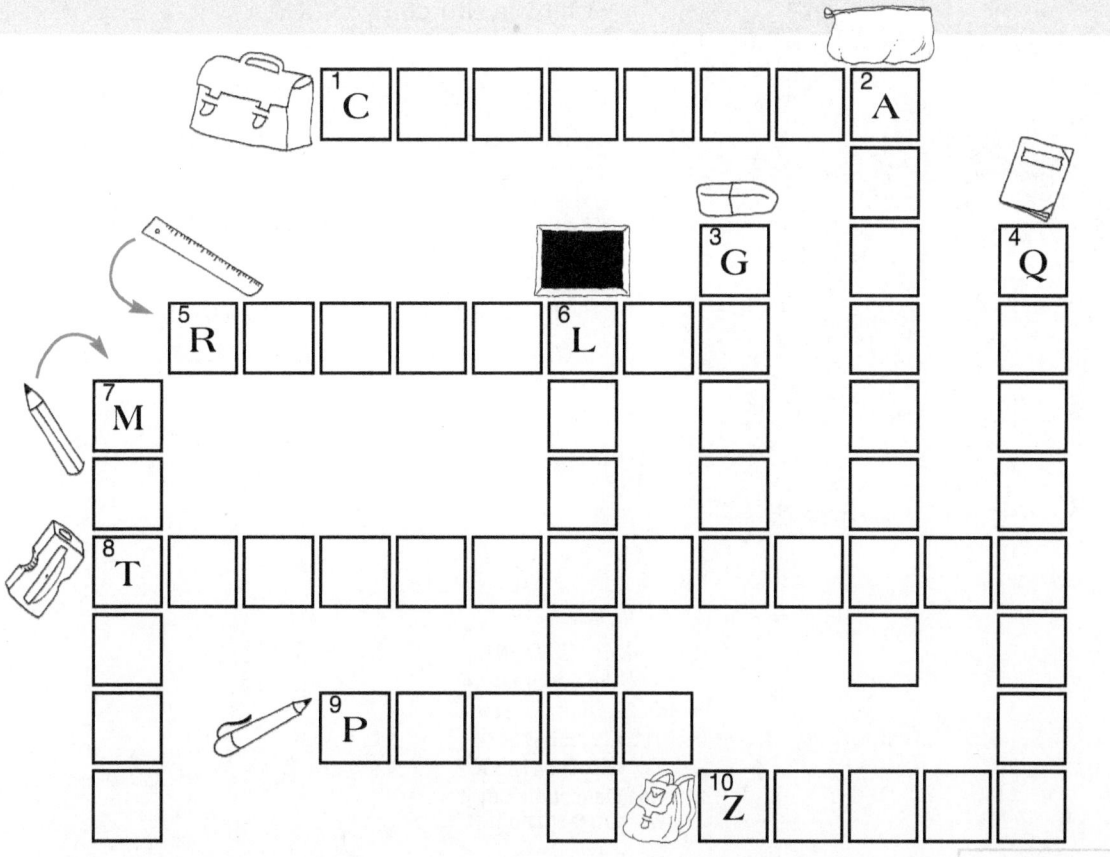

Catalogo Alma Edizioni

Alma Edizioni
Italiano per stranieri

Raccontami è un corso di lingua italiana per bambini che propone un modo nuovo e stimolante di imparare l'italiano.

Le unità didattiche sono centrate su storie originali e coinvolgenti, che stimolano nel bambino la curiosità e la capacità immaginativa, e che, attraverso il piacere del racconto, permettono di avvicinarsi alla lingua in modo piacevole e divertente.

Il corso è diviso in due livelli:

Raccontami 1, per bambini dai 4 ai 7 anni;
Raccontami 2, per bambini dai 7 ai 10 anni.

Ogni livello comprende:

- un **libro** di unità didattiche, con storie illustrate, glossario per immagini, attività e giochi;

- un **set di schede fotocopiabili** per l'insegnante;

- un **cd audio** con la lettura drammatizzata delle storie, le canzoni e le filastrocche;

- un **quaderno degli esercizi** per il lavoro a casa.

ALMA EDIZIONI
viale dei Cadorna, 44
50129 Firenze - Italia
tel +39 055476644
fax +39 055473531
alma@almaedizioni.it
www.almaedizioni.it